致缮至美

金缮手账

[日]中村邦夫 著

邓彬 郝皓 译

江苏凤凰文艺出版社
JIANGSU PHOENIX LITERATURE AND ART PUBLISHING, LTD

图书在版编目（CIP）数据

金缮手账 /（日）中村邦夫著；邓彬，郝皓译．--南京：江苏凤凰文艺出版社，2018.7

ISBN 978-7-5594-2406-8

Ⅰ．①金… Ⅱ．①中… ②邓… ③郝… Ⅲ．①文物修整 Ⅳ．①G264.3

中国版本图书馆CIP数据核字（2018）第135039号

书　　名	金缮手账
著　　者	［日］中村邦夫
译　　者	邓　彬　郝　郜
责任编辑	孙金荣
特约编辑	王雨晨
项目策划	凤凰空间/周明艳
出版发行	江苏凤凰文艺出版社
出版社地址	南京市中央路165号，邮编：210009
出版社网址	http://www.jswenyi.com
印　　刷	北京博海升彩色印刷有限公司
开　　本	889毫米×1194毫米　1/32
印　　张	3.25
字　　数	100千字
版　　次	2018年7月第1版　2024年4月第2次印刷
标准书号	ISBN 978-7-5594-2406-8
定　　价	39.80元

（江苏凤凰文艺版图书凡印刷、装订错误可随时向承印厂调换）

译者序

金缮在国内渐渐为大家所熟悉，喜爱它的人越来越多。我在 2013 年的时候开始学习金缮，当时网络上几乎找不到和金缮有关的资料，所以自学是有不少困难的。我第一次修复的是一只元代的茶碗，那时候贴金总掌握不好时机，最后用了最笨的办法，每一次都记录下干固时间和温、湿度变化，不行就重来，先后贴了 20 多次才成功。我当时想着要是有一本专门介绍金缮的书籍就好了，可以少走很多弯路。

金缮本质上是用漆艺来修复瓷器，它最早诞生于日本。日本江户时代的伊藤东涯所著《蚂蝗绊茶瓯记》中记载，室町时代的幕府将军足利义政将一只摔坏的南宋龙泉窑碗送到中国，用锔瓷的方式修复。不过他还是觉得不满意，这样不美观，而此时日本漆艺正是蓬勃发展的时期，漆匠们就此琢磨出一种用漆黏合碎片，然后在破碎处贴金加以装饰的工艺，这就是金缮艺术的起源。中日两国一衣带水，历史上两国的联系交往非常密切。中国是漆艺的母国，漆艺在中国的历史非常悠久，唐宋的时候中国的漆艺对日本的影响很大。而在明代宣德年间，中国就有漆工远赴日本学习漆艺，明代晚期在江南的文人圈子里也开始流行玩赏来自日本的“倭漆”器物。有意思的是当时来华的日本僧人从宁波上岸后，顺着运河北上，一路上会采购一些中国的器物，其中也有中国制作的漆器，因为当时中日两国在漆艺的制作上工艺表现的侧重有所不同，互有所长，相互学习。

金缮不仅仅是一种工艺，其美学思想源自日本的“侘寂”，而“侘寂”是唐宋时中国的禅宗思想传到日本以后和日本本土文化相融而产生的，面对残缺不是放弃而是温柔对待，以东方式的“顺应”来消解绝望，绝地重生，破镜重圆。中村邦夫先生说金缮是“非常具有诗意的行为”，学习技艺不是特别难的事，但在修复的作品中加入自己的审美精神则是不容易的，需要慢慢养成。

《金缮手账》这本书详细介绍了日本金缮的几种方法，特别的是，介绍了用改良过的“新漆”等新材料来进行金缮修复的技术，这样大大降低了金缮的技术难度以及缩短了修缮工期，使其能更好地融入今天的生活，方便初学者学习。除了介绍技法以外，书中还介绍了多种日本古代修缮器物的方式。另外，作者通过旅行去考察金缮在世界各国的传播情况，这段内容读起来充满了趣味，只是遗憾的是中村先生没来中国，不然他会发现金缮在中国原来如此受欢迎，有这么多的爱好者，他一定会发出一番感慨吧。

邓彬

2018 年 6 月 11 日

There is a crack in everything.

That's how the light gets in.

万物皆有裂痕，

光明借此而来。

莱昂纳德·科恩（Leonard Cohen）

所谓金缮，究竟修复何物呢？

这是我从小使用至今的茶碗，已经用了 40 余年。

它其实是母亲以前在陶艺教室制作的“抹茶茶碗”，无论是吃米饭还是吃拉面，甚至盛刨冰，我都会选择它。

不经意间，磕磕碰碰了很多次，茶碗上也有了许多小的裂痕、破损、碎纹。

即使如此，还是在不断修缮之后继续珍而重之地使用。

如同看到身体的旧伤会心生怜悯一般，茶碗的伤痕也使它越发惹人怜爱，会让人觉得，原来伤痕也是会增加美感的啊。

这个茶碗，我这辈子也不会扔掉吧。

无论摔碎几次，哪怕碎成碎片，只要修复好就可以了。

“金缮”即这种小而奇妙的魔法。

金缮，是用天然大漆黏合破损的陶瓷制品，然后在接缝处以金、银、红色修饰，即一种传统修补艺术。

所谓“金缮”的本质究竟是什么呢？

金缮和单纯的修理或修复是完全不同的。

倘若只论单纯地黏合的话，那么日本人从绳文时代开始，就已经使用天然大漆（里面也混有砂）来修缮陶瓷器皿了。

亲自动手修补损坏物品之心，可以算是人类与生俱来的一种本能。

但是，桃山时代的茶人们却有所不用。

他们仿佛看到了裂痕之中栖息着山水画般令人无法捉摸的美，开始凭借想象力修复缺损之处。

于破损的碗壁或者生锈的铁器中探寻“壮丽的景色”，从而发现了这种令人肃然起敬的畅想的重要性。

窥庭中砂而思想畅游于宇宙，进而诞生了“比兴”的思维方式。

我对金缮产生兴趣，是在 30 岁左右的时候。

起因源于一件非常小的事情。

我当时刚开始担任一档名为《开运！万能鉴定团》的电视节目的导演。

最初的工作是鉴定有“活国宝”之称的滨田庄司先生的作品，

探访位于枥木县益子市的滨田窑。

事情发生在顺利完成鉴定工作而准备回去的时候。

在听到我说“其实，我和滨田庄司先生是同一所学校毕业的，我是他的后辈”之后，他的儿子晋作先生说道：“是吗？那样的话，你拿走这个用吧。”说完就将“茶碗”用报纸包起来送给了我。

我本是心怀不安地前去拜访，收到茶碗后满心欢喜的心情至今记忆犹新。

在那之后，我每天都把这个茶碗当作宝物一样使用。

但是，有一天，茶碗破损了一点点。

然后……无论如何都想试着修复一下，于是就开始学习金缮。

虽然什么都不懂，但还是从东急手创馆购买了材料，准备修复。

尝试之后，发现比想象中要简单。

本因过度忙碌而身心俱疲的我，仿佛也经过妥善修理一般变得神清气爽起来。

那时候，我清楚地意识到：

“真正得到修复的，是自己。”

学习金缮至今快有 10 年时间了。

最近，从国外来参观的人士突然增加，委托修缮的物件也多了起来。

熊本大地震时，一位英国友人从网上得知了金缮募捐活动，寄来了摔得粉碎的残片。

“这是我从英国带来的非常重要的传家宝，可以帮我修复吗？”

还附有一封信，看得出他十分为难。

试着修复之后，重现出一只老旧的啤酒杯。

待认真修复，再邮寄回去，已经是一个月之后。

没想到后来收到了对方亲手做的蛋糕以及真挚的感谢信。

借由物品的修复，人与人也联系在了一起。

我由此强烈地感受到，器皿和书、布偶等物品一样，是“和主人的心紧密连在一起的”。

或许，金缮就是通过“令物品再生”这样颇具仪式感的行为，达到“修复精神，进行自我治愈”的效果。

真挚地希望更多的朋友来体验金缮。

目录 CONTENTS

Chapter

1

Chapter

2

Chapter

3

Chapter 4

器皿用语的基础知识

A to Z

Chapter

1

Welcome to KINTSUGI cafe

欢迎来到金缮咖啡厅

当你珍视的咖啡杯或者常年使用的茶碗被打破了，

你的心情会是怎样的呢？

一定有些失落，

觉得这是不祥的预兆吧。

具有纪念意义的马克杯从架子上掉下来，

摔得粉碎的时候，是不是觉得自己的心也跟着一起摔碎了呢？

如果稍微懂一些“金缮”这种魔法的话，你的心情可能会轻松一些。

陶瓷制品，是记忆的集合体。

各种各样的记忆，在容器底部静静沉积：

关于匠人手掌的记忆；

关于窑中缓慢烧制的记忆；

被谁使用过的记忆；

被长久珍爱的记忆。

大家想要修补的，可能只是那些记忆的片段。

金缮之美的本质，

隐藏于内心深处。

受损的器皿，

也可经由修缮而恢复永恒。

闪耀金色光芒的纹路，

正是连接过去和未来的分界线。

禄

将“伤痕”视为“味道”，

感受“无用之美”。

当不再追求完美，

学会欣赏缺憾美时，

我们的审美也发生了变化。

比起“修复何物”，

更重要的是“为谁而修”。

在这个什么都可以轻易入手的时代，

依然有无论如何都想认真对待的事情，

以及无论如何都想珍惜的物品。

裂痕和缝隙，成了有剧情的风景画。
闪电照亮黑暗，金色的河流润泽大地。
枝桠划破长空，新的景色应运而生。
茶人们也曾特意将器皿打碎，然后重新黏合。
现在来介绍一下这些美轮美奂的“修缮名品”。

冰融雪消的河川
自山顶而来

赤乐茶碗
“铭 雪峰”
（本阿弥光悦作，龟山纪念馆藏）
作者本阿弥光悦，是江户时代初期的一位多才多艺的书法家、陶艺家。以白釉为山上积雪，将烧制时的裂痕视作融雪时的溪流，是件非常精致的作品。

将逝去的记忆拼贴

古志野筒茶碗

“铭 五十三次”

（个人收藏）

用出土的古代陶片修缮出的筒茶碗。以东海道驿站“五十三次”命名，十分贴切。

日本最古老的呼缮

濑户筒茶碗

“铭 呼缮”

（永青文库藏）

织田有乐斋（利休的弟子）所持有的日本最古老的修复茶碗。以中国的青花瓷碎片修补筒茶碗缺损的部分，可谓非常大胆的尝试，其娱乐精神充满魅力，足见风流雅士的审美情趣。

究极拼接

呼缮茶碗

（荒川丰藏作，荒川丰藏资料馆藏）

画风豪爽，辅以赤红釉色，是荒川丰藏用出土的桃山时代的陶片呼缮出的茶碗，乃最能让人感受到“碎片美学”的杰作。

神秘的十字标记

绘唐津圆十字茶碗

（出光美术馆藏）

古唐津的名品中的名品。在圆和十字图案上方加以夺目的金色修缮，演绎出高光的效果，营造出神秘的美感。

修缮的竞争

青瓷茶碗

“铭 蚂蟥绊”

（大量美术馆藏）

青瓷名品，罕见地运用了“锔瓷”和“金缮”两种手法，极具平衡之美。

再编集的美

大井户茶碗

“铭 须弥”（别铭“十文字”）

（三井纪念美术馆藏）

体现古田织部审美情趣的精品。将大井户茶碗呈十字形切开再接合，从而缩小了尺寸，是传说中的名碗。

奇迹大杰作

志野茶碗

“铭 桃”

（个人收藏）

用桃山时代碎裂的志野茶碗，加以志野的陶片拼接而成，乃犹如难解的字谜一样的呼缮茶碗，这是三井财阀的支柱、实业家益田钝翁 90 岁生日的贺礼。

欣赏壮美的景色

井户茶碗

“铭 越后”

（静嘉堂文库美术馆藏）

浓墨重彩与反复修缮的痕迹相得益彰，营造出具有厚重感的景色。纵贯的裂痕犹如闪电，引人注目。

莳绘金缮名品

伊贺水壶

“铭 欲袋”

（川喜田半泥子作，石水博物馆藏）

以莳绘金缮的青海波纹掩盖窑伤，创作出与众不同的杰作，是非常具有半泥子个人特色的、充满童心的作品。

器皿形形色色的『伤痕』

器皿随着使用次数的增多，会有所损耗，自然地出现『伤痕』。但是，这才是美的终极，是『侘寂』的原点。伤痕本身，正是日本的审美意识中最具代表性的『残缺美』的载体。

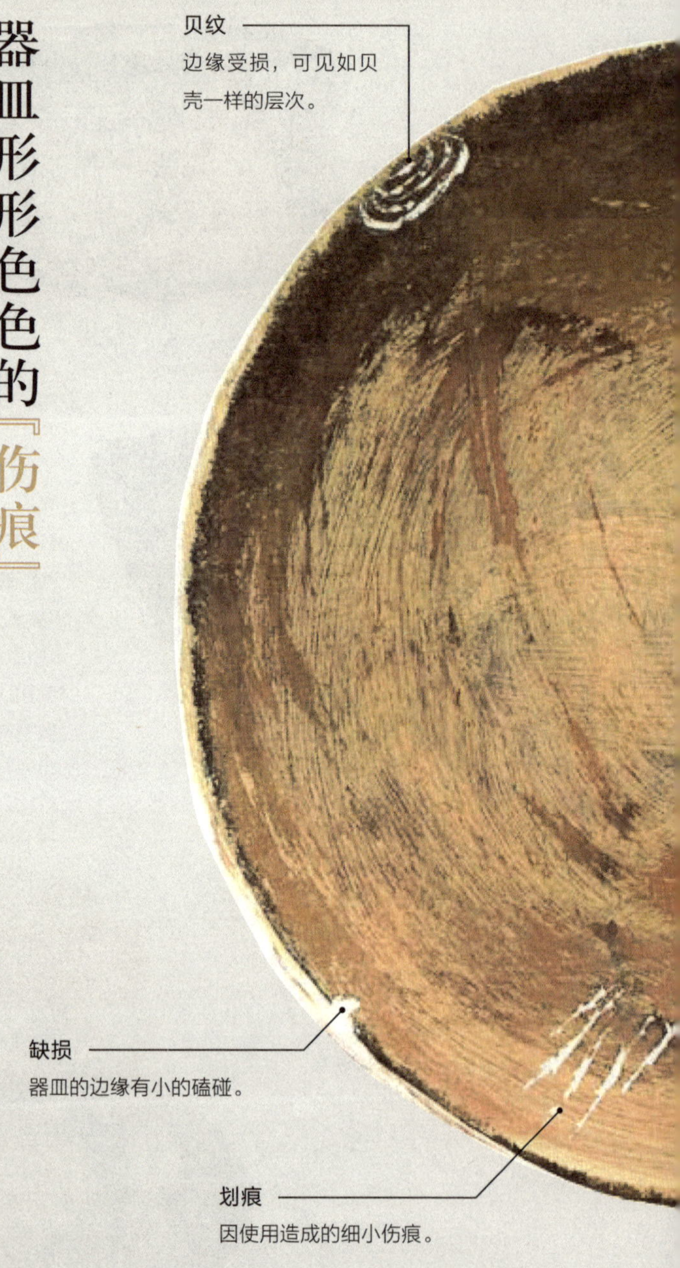

贝纹
边缘受损，可见如贝壳一样的层次。

缺损
器皿的边缘有小的磕碰。

划痕
因使用造成的细小伤痕。

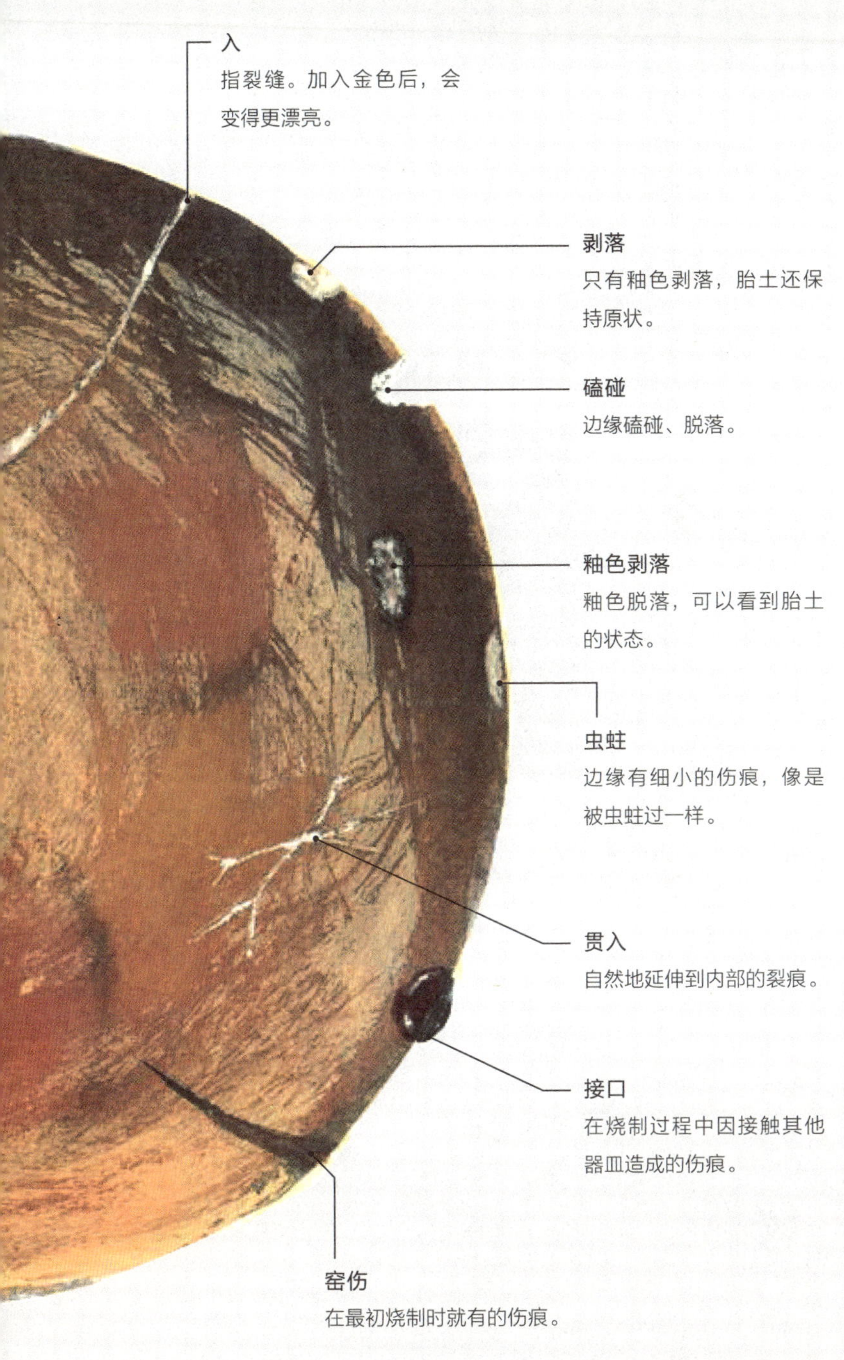
入
指裂缝。加入金色后，会变得更漂亮。
剥落
只有釉色剥落，胎土还保持原状。
磕碰
边缘磕碰、脱落。
釉色剥落
釉色脱落，可以看到胎土的状态。
虫蛀
边缘有细小的伤痕，像是被虫蛀过一样。
贯入
自然地延伸到内部的裂痕。
接口
在烧制过程中因接触其他器皿造成的伤痕。
窑伤
在最初烧制时就有的伤痕。

器皿各式各样的『修缮』方法

随着时代和场景的变迁，诞生了多种多样的器皿修复技法。但是，由于后继无人，很多技术都成为了传说。这里向大家介绍的，是在美术馆和古董市场可以看到的与『金缮』类似的手法。

锔瓷

锔瓷是将破裂的陶瓷器用“コ”形的金属扒钉接合在一起的技法，简单来讲，和订书机的使用原理相同。锔瓷源自中国，欧洲也曾使用这种修缮方法。

电影《我的父亲母亲》（1999 年）中，也出现了这种“锔瓷”的场景。为了安慰恋情受挫的女儿，母亲偷偷地将摔碎碗拿去修补。另外，“锔钉”这种方法在现代也会用于木材的修理，成为设计的点睛之笔。

烧缮

烧缮是在破裂的茶碗和器皿的接口处撒上名为“白玉粉”的含铅釉粉，然后用炉火直接烧制，将碎片重新连接在一起。

记录江户时代风俗的百科事典《守贞漫稿》中记述到：“在京都盛行的烧缮，在江户也非常繁荣。新的陶瓷制品反而卖不出去，让濑户的商店非常困扰。”和漆器相比，烧缮物不仅痕迹不显、价钱低廉，且修复起来毫不费力，所以转瞬之间就风靡全国。在城里有很多“流动”的烧缮摊贩。

金缮

金缮是将破损的瓷器用漆拼接，再辅以金或银粉等加以装饰的修理方法。相传，室町时代的将军足利义政珍爱的青瓷茶碗出现了裂纹，送到中国去修理，可结果也只是锔上铁钉送回来而已。义政看到修复的结果，遂令匠人寻找更好的修复方法，金缮由此诞生。而事实如何却不得而知了。

呼缮

呼缮是把破损的陶瓷器用其他碎片进行拼贴修复的方法。有意地用不同的碎片拼接，创作出情趣迥异的作品。有人专门用呼缮器具来招待客人。若非厚度、弧度、颜色、形状等方面恰好契合的碎片，则无法完美拼接，呼缮可以说是最难的一种修缮方法。

其他的修缮方法：

石膏修复（复原）
出土的绳纹土器或者弥生土器需要复原的时候，用石膏修补的方法，在博物馆和资料馆十分常见。

同质修复（修补）
贴合周边颜色和质感来修复器皿的伤痕，是西方的主流，其特征是不破坏整体美感。

中村邦夫与古川俊太郎对谈——“语言”和“修缮”

我不写新的东西，只是努力呈现既存的东西而已。木板的纹理、老旧的桌子、可乐罐做的烟灰缸、草帽、玻璃窗、门槛、壁橱、坐垫等，假设在这些单词中突然加入“勇气”这个词，又会怎样呢？我知道在这种语境中，加入“勇气”是格格不入的，但即使如此还是试着写出来，因为深知自己常心存胆怯。

——谷川俊太郎

《日语指南》（思潮社）《从睡眠到睡眠》节选

中村：俊太郎先生，请问您的作品中有以“修缮”或“修补”为主题的诗吗？

谷川：有一本名为《日语指南》（思潮社/1984年）的书，某种意义上有种拼接的感觉，是语言的疯狂拼接吧。

中村：这本《日语指南》将日常中琐碎的语言片段拼接在一起，是体现世间万物皆可“成诗”的新颖作品。那么，您觉得将语言疯狂拼接的这种“修补”“连接”美在何处呢？

谷川：应该说，我一直很喜欢将语言汇集起来自行“拼贴（Bricolage）”，现今也可称之为“编集”吧。

中村：法语“拼贴（Bricolage）”意指“自己搜集拼凑”“自己来修缮”，那么您所指的是何种行为呢？

谷川：我自己修过收音机，从收集部件直到旋转按钮收到声音，也可说是“拼贴”吧。老式收音机部件繁多，需要将电子管、插口、电容器、变压器全部焊接起来，一处不妥则无法使用。

中村：换言之就好像诗句的主语和谓语一样吧。不论哪个部分出了问题，都无法传达出意思。反复推敲才能正确发声。

谷川：就是回路吧。

中村：修理收音机和写诗相似，这很有趣啊，无论哪个都是“编集”呢。还想再请问一下，俊太郎先生人生中第一次修缮的是什么物品呢？

谷川：我记得以前家里有把藤椅，那时候非常喜欢它，后来坏掉了我自己修理了一下。另外，修过电闸的保险丝，还有父亲（哲学家谷川彻三）喝水的茶碗，以及吃饭用的碗。修缮这些物品有一种感念父母慈爱的安心感。

中村：还一直用着令尊用过的茶碗啊，真是非常了不起。

谷川：以前电器坏了，我们多半会请人修理，然后拿回来继续使用。但是现在电器更新换代太快，坏了之后不再拿去修理，而是直接换新的。可能是怕在拿去修理的这段时间，东西就已经过时了。然而我认为旧的物品送去修理然后继续使用，就会带有主人独特的印记。

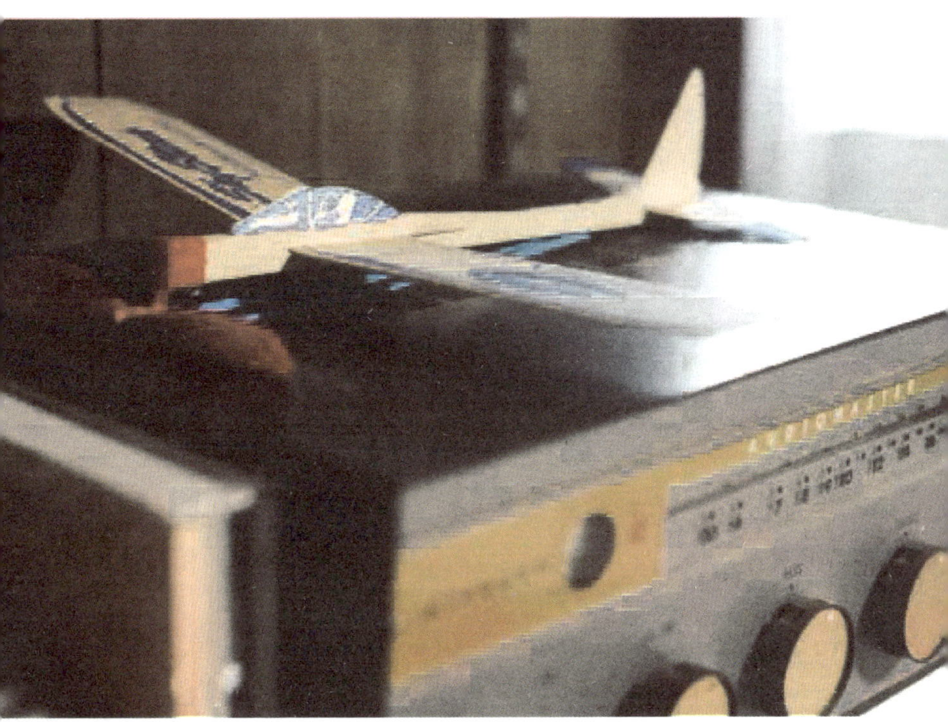

中村：6次元咖啡馆举办的“金缮”活动，本来从2009年就开始了，但是不知道为什么，在3·11日本大地震之后，突然变得非常受欢迎。其实，即使是现在，拿着在3·11地震时坏掉的碗来修理的人也是最多的。虽然已经过了很长时间，但很多人仍然保存着碎片，这一点实在是耐人寻味。特别的是，拿来修理的基本上都是马克杯或者茶碗这类日常用具。

谷川：本来这种杂物正是和自己的生活羁绊最深的，仅仅从商场挑选有用的东西，会感到器皿丧失了其应有的历史感吧，这种欠缺如今通过“修缮”，又变成可以参与历史的安心感。

中村：您还有其他类似“父母的遗物”的物品吗？

谷川：日常的茶碗。父亲虽然不会画画，却非常喜欢绘有彩画的乐烧陶器盘子。他在常滑的海边长大，所以擅长游泳，还非常喜欢鱼。

中村：对俊太郎先生而言，“器皿”意味着什么呢？

谷川：父亲日常会用自己收藏的珍品，也会用普通的。我家会用伊朗的古董盛沙拉，父亲晚年的时候还经常用呢。

中村：除了收音机，俊太郎先生自己还做过什么吗？

谷川：我喜欢动手，所以像接线板之类的，基本都是我自己做的。长度也是自己设计的，成品反而用不惯。现在也是，按自己的喜好设好长度后就动手去做。

中村：说起来，6 次元咖啡馆扬声器的配线、布线也全是俊太郎先生做的呢，到现在也还是很合适，非常好用（笑）。迄今为止，印象最深的“修理”是什么呢？

谷川：应该是玩具吧。做过模型飞机，着陆失败之后修理好，让它再像之前一样飞。另外就是收音机了，能听到从远处的广播局传来的声音，这一点和诗是有相通点的。万事万物和诗都有共同点，旅行是诗，潮流也是诗。

中村：的确，我觉得“金缮”这种行为，也是非常具有诗意的。

这是俊太郎先生委托运用金缮修复的马克杯。

具有北欧设计感的乳白色马克杯，令人满意的部分就是容量很大。

修好之后，居然还收到了俊太郎先生的谢礼，

就是陶瓷研究家兼陶艺家小山富士夫制作的酒壶和酒杯。

竟然能收到我所仰慕的人制作的、 堪称珍宝的器具，简直就是奇迹。

果然，金缮是连接人与人、物与物的魔法。

Chapter 2

KINTSUGI LESSON

简单的金缮讲座

金缮，是能够连接人与人、记忆与记忆的技术。

比如，从奶奶那里得来的充满回忆的茶碗、从小就一直使用的心爱的马克杯，

还有好朋友赠送的可爱的盘子。

在因某个人而修复器皿的这段时间里，一定会勾起某些特别的回忆。

简单的金缮推荐

本书中教授的金缮，都是使用河豚牌的『新漆』来进行修复的简易方法。无需有心里负担，任何人都可以简单操作。（注释：这里的『新漆』在日本主要用于涂装钓鱼用具，在天然生漆的基础上加入了化学漆的成分，一是这样可以防止『漆咬』，二是透明度增强，而用天然漆调和金粉色泽会比较暗淡。）

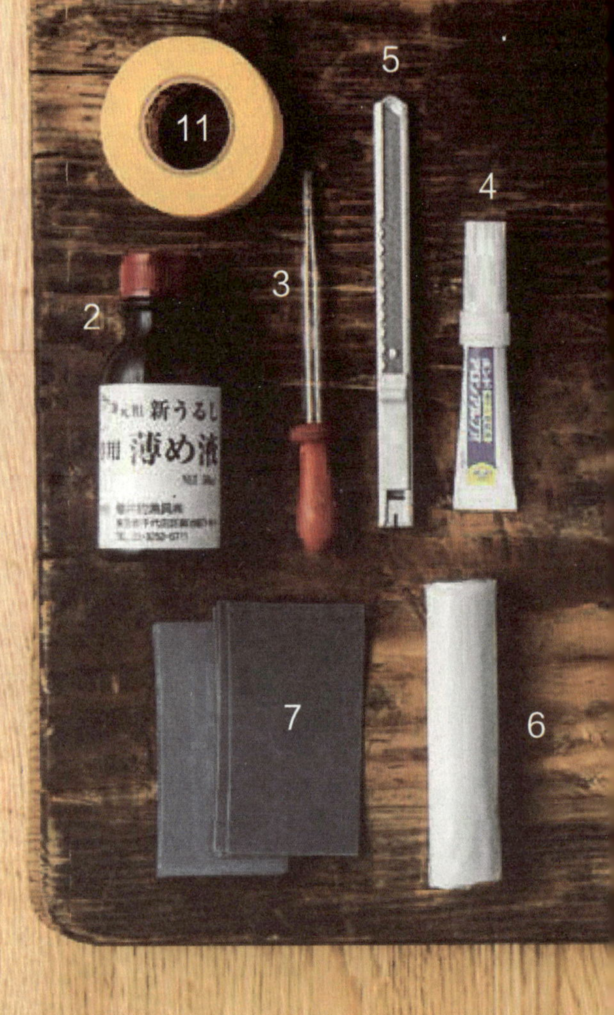

"金缮"的3大要素

比兴

金缮是比兴的艺术，并不是单纯的修复技术。将伤痕比作景色，越是破损的部分，越能发现新的美。要将器皿视作他物，凝视就显得尤为重要。

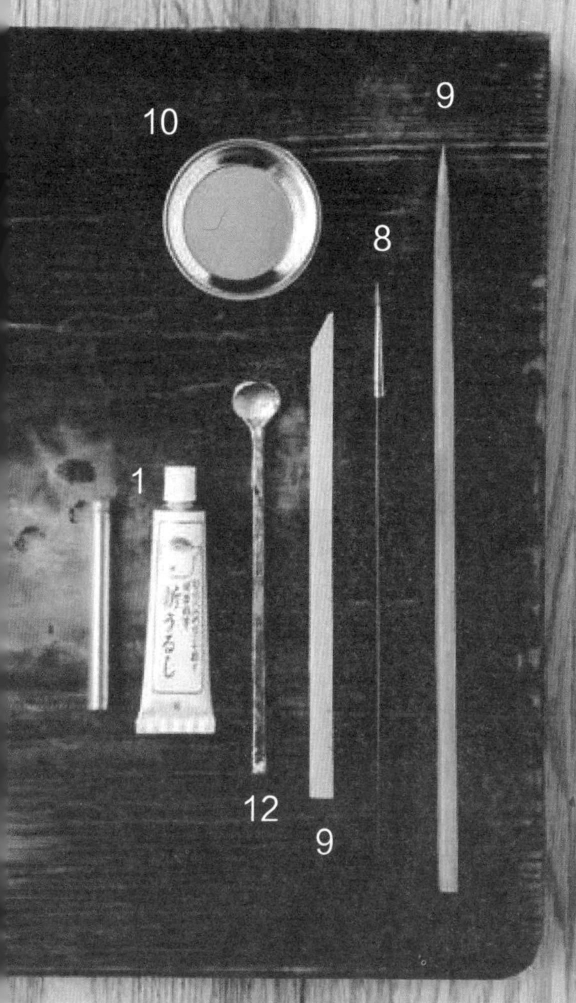

材料一览

1 河豚牌的新漆（含金粉）
2 河豚牌稀释液
3 滴管
4 瞬间黏合剂（阿隆发）
5 刻刀（用美术刀也很方便）
6 合成树脂（环氧树脂系腻子）
* 施敏打硬金属用等
7 砂纸（耐水纸）
400 号（粗）/1000 号（细）
8 面相笔（0 号）
9 竹片或竹签等
10 调色盘
11 遮盖用胶带
12 小勺

戴围裙或者穿不怕脏的衣服来操作。

玩耍

金缮是一种表现唯美意识的行为。欠缺的部分靠想象力来“修补”。操作的时候要有一种在心中描绘画卷的感觉。

修饰

金缮是一种不仅可以修复器皿，也可以修复内心伤痕的技术。修理完成不代表金缮的工作就结束了。应以珍重未完的故事般的心情，来修饰修缮后的伤痕。

金缮
第1讲

修复破损的器皿

不经意间碗的边缘出现了缺口。是洗碗的时候碰的，

还是摞起来的时候磕的？

对于内心的失落感，金缮可以尽可能地消解。

STEP 1

把缺损的部分洗干净。

把器皿的缺口洗干净，晾干。表面粗糙的话黏性会变弱。特别是土质比较软的陶瓷的话，一定要认真地将断面洗净。

STEP 2

准备腻子（合成树脂）。

合成树脂分为白色和灰色两层。用刻刀按需求量像切腊肠一样切片，取等量的两层混在一起。如果不在像大理石一样的硬质状态下混合就不会硬化。

* 不喜欢黏腻感的话，可以戴上塑料手套。

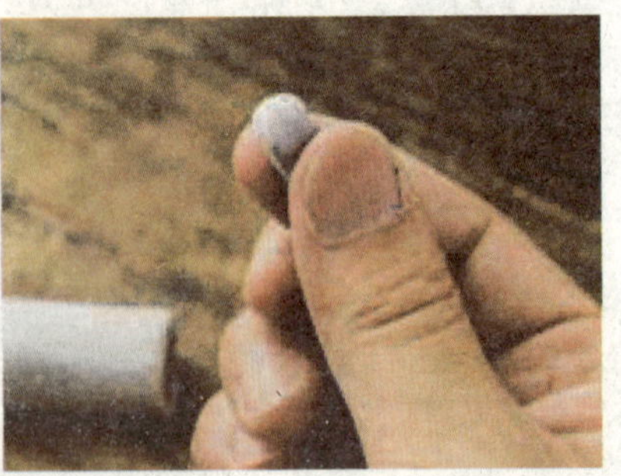

STEP 3

揉合成腻子（合成树脂）。

揉1分钟左右，直到颜色变得均匀。取和缺损部分相同的分量，快速用手指揉圆。揉15分钟左右后就会变硬，所以请按需求量混合。

STEP 4

填补缺口。

颜色揉合均匀之后，再团成小球，按在缺口处，且比缺口的轮廓稍微大一些，这样补起来会更美观。缺口参差不齐的话，建议把缺口全部包起来。

STEP 5

将表面处理干净。

如果处理太慢的话，一瞬间材料就变硬了。所以填补的要领，是在 3 分钟内完成。使用竹签等工具，将填补的表面和轮廓修整漂亮。

STEP 6

用耐水砂纸打磨。

用 400~1000 号的耐水砂纸来打磨。用砂纸边沾水边打磨，注意不要伤到周围釉面，轻柔操作。

在完成前，先将缺口周围的污渍清理干净。

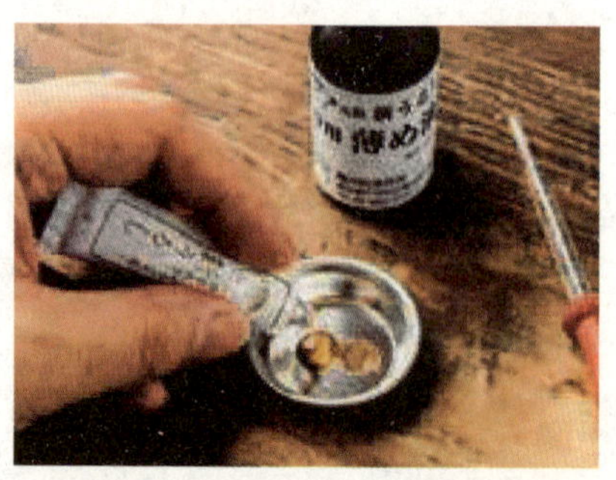

STEP 7

混合金粉和新漆。

在调色盘中将金粉和新漆以 1:1 的比例混合。

再滴入数滴稀释液，搅拌均匀。其用量以刷痕瞬间消失为宜。

充分搅拌均匀。

STEP 8

在合成树脂（腻子）上涂刷金漆。

在白色部分涂刷一层金色的新漆将其覆盖。笔锋像是轻轻放上去一样，慢慢地操作。注意不要涂太多，否则会淌下来。

STEP 9

晾干之后就完成了。

放置 1~2 天，自然风干之后就完成了。金缮的部分，用软布沾上橄榄油擦拭一下，会更加闪亮。切记不要放在微波炉和洗碗机里。

注：一定要遵循商品说明书，等完全干燥之后再使用。

金缮
第2讲

黏合破碎的器皿

从碗架上掉下来摔得粉碎的器皿，
从前只能伤心地将其扔掉，今后就用金缮修复圆满吧。

STEP 1

保存碎片。

洗净碎片。摔得过碎的话，要慎重考虑拼接的顺序。如果有缺失的部分，参考上文“修复破损器皿”的相关内容进行修补。

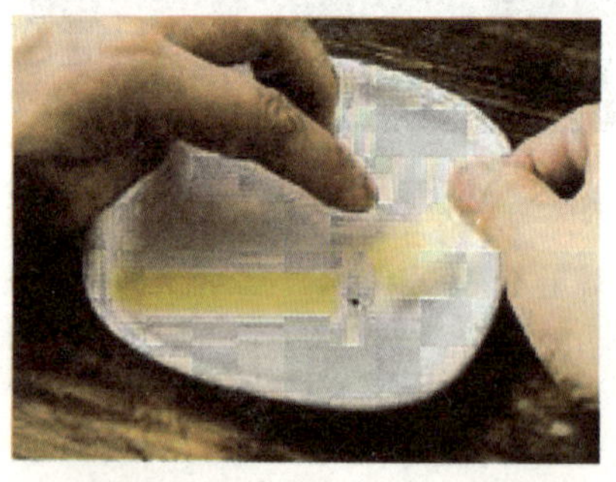

STEP 2

先用胶带做临时固定。

为了确认碎片各部分的状况，先用胶带将其粘起来，因为经常会出现中间有缝隙或者缺损的情况。使用金色或银色的胶带，有利于想象完工后的样子。

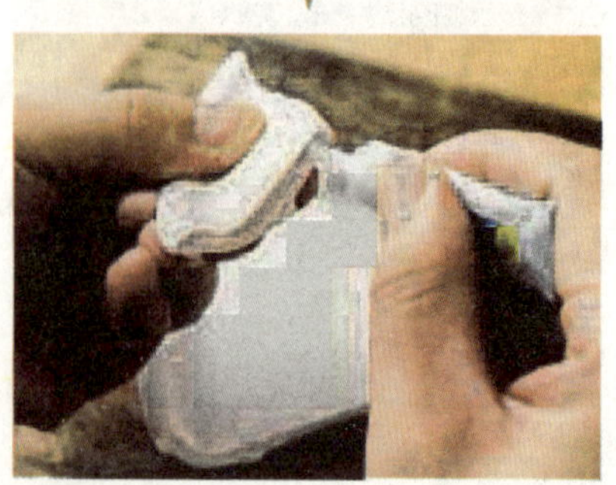

STEP 3

黏结碎片。

漆干燥需要时间，所以这里改用瞬间黏合剂代替，注意不要让胶水溢出。

STEP 4

填补破碎的缝隙。

去掉胶带之后，在裂痕处会看到一些缝隙以及不平。参照“修复破损的器皿”相关内容，用混合好的腻子（合成树脂）来填补，稍微沾点儿水会更容易填入缝隙。

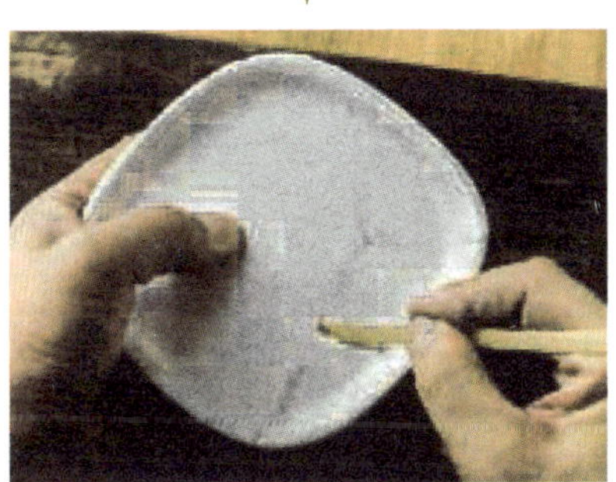

STEP 5

将表面清理干净。

将溢出的瞬间黏合剂和腻子用竹签或者刻刀轻轻刮掉。

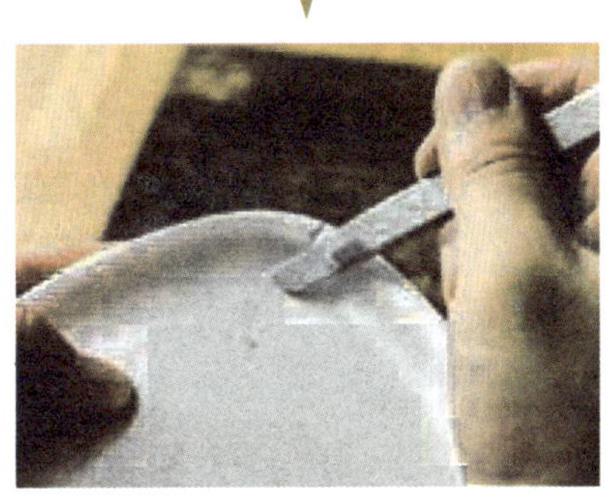

于灯下或明亮处观察裂痕，确认确实没有缝隙了。如果填补得好的话，触摸时就不会感到凹凸不平。

STEP 6

用耐水砂纸打磨。

和修补一样，选用 400~1000 号的耐水砂纸。用砂纸边沾水边仔细打磨表面。处理陶器和玻璃制品的时候，应轻柔打磨以免伤到周边。

STEP 7

将竹片削尖，做成笔状。

为了画出又细又美的线条，要制作“竹笔”。也使用废旧的木质筷子或一次性筷子。根据伤痕的宽度，用刻刀将前段削细。

STEP 8

混合金粉和新漆。

在调色盘中将金粉和新漆以 1 ： 1 的比例混合。再加入几滴稀释液，慢慢搅拌，其用量以刷痕会迅速消失为宜。

STEP 9

在裂缝上涂刷金漆。

在缝隙中填入金漆，是一个考验审美的过程。在比笔更细的缝隙上，用削好的竹笔如作画一般描绘。

将笔端放平，轻轻地放上去，缓慢描绘。

STEP 10

晾干之后就完成了。

若对裂缝的线条有不满意的地方，待完全干燥之后，可用刻刀的刀尖去掉多余的部分。

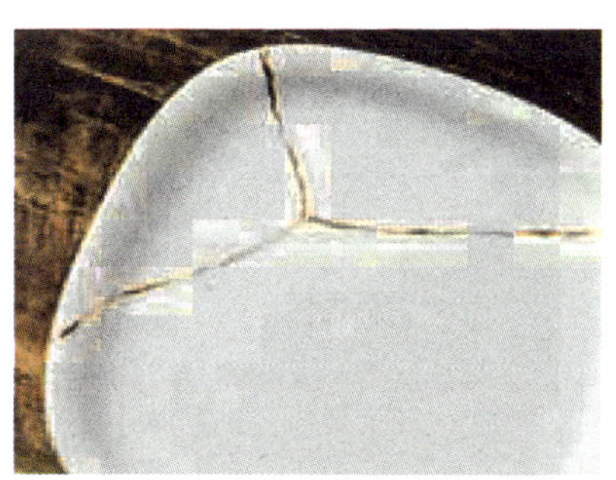

STEP 11

打磨金色部分。

完成后，放置 1~2 天，等待自然风干。也可以用布沾取河豚牌“光泽”液状研磨剂加以打磨。

为了完美地修复器皿，

● 不要过分用力。

身体不放松的话，修复器皿是无法做到尽善尽美的。心情焦虑或时间紧迫也不行。

● 不要过多削除。

将器皿当作自己的蛀牙，削去的量要控制在最少。比起修补，应该将其视作治疗。

● 不要疏于笔的保养。

要时刻使笔尖保持良好的状态，使用后按照要求好好养护。

● 不要涂太多金粉。

并不是金粉的量越多看起来就越漂亮，不可破坏作品本身的审美价值。

● 不要忽视自己的直觉。

想要修复得完美，直觉是很重要的。什么样的颜色和形状比较好呢？应一边与器皿对话一边修缮。

有 10 件事情不能做

● 不要急于完成。

把线条涂得完美不代表作品就漂亮。要抱着花费一生的时间去完成的心态来面对器皿。

● 不要只看细节。

在修理的过程中，要随时注意整体性。有时候细节虽然很美，但是破坏了整体的平衡和节奏。

● 不要想得太复杂。

细节的部分可以按照自己的想法去改变。本来就只是修复，并没有特定的要求。

● 不要和其他作品做比较。

对于线条的粗细和缝隙的大小等，可以参考别人的作品，但没必要做比较。

● 不要注入完整的价值观。

体现了 100% 价值观的作品了无趣味，经过岁月沉淀的作品才别具魅力。

Chapter 3

KINTSUGI AND LIFE

器皿和生活

长期使用的器皿，像宠物一样会让人产生感情。

即使是流水线制品，经过个人倾注心血、加以修复以后，

都会变成这个世界上独一无二的存在。

裂痕之中，可以窥见你我内心的原始风景。

器皿，无论何时都是映射自己内心的一面镜子。

试着做做吧！

金缮

“金缮”难吗？很费时间吗？

材料的价格很高吗？

我经常被问到这些问题。

不要说的这么复杂，直接来试着做做吧！

体验者是编辑土屋小姐。

修理的是从德国的跳蚤市场买来的充满回忆的水瓶。

准备好腻子和耐水砂纸

先将摔断的把手用瞬间黏合剂粘在一起，再用胶带固定。等干燥后，用腻子填补。

“虽然收集了碎片，也还是会有小缺口，这些地方需要仔细地填入腻子呢。用指腹按压之后，完成的还不错。”

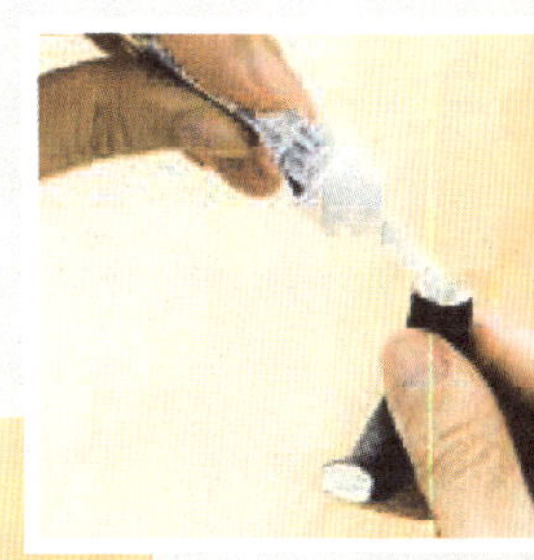

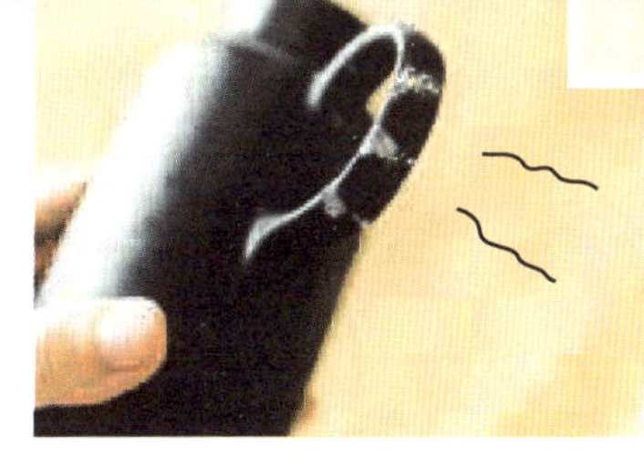

腻子是速干型的，趁着没干的时候，赶快把溢出的部分擦掉。

静置 15 分钟左右腻子就会硬化，用耐水砂纸将表面打磨平滑。如果是素陶器或瓷器，需注意不可破坏器皿本身，应配合原本的形状修整。

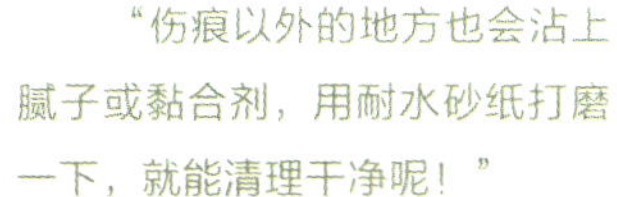

“伤痕以外的地方也会沾上腻子或黏合剂，用耐水砂纸打磨一下，就能清理干净呢！”

表面完全平滑之后，将脏的地方擦干净，等它干燥吧。

这个把手部分有6处大的裂痕。都用金色当然是可以的，也可以混用银色或其他的颜色。

“水瓶是黑色的，虽然用金色更能相互辉映，但是我想增加一些变化，所以6处裂痕没有全部使用金色，而是尝试上面3处用金色，下面3处用银色。”

忘我地描绘裂痕

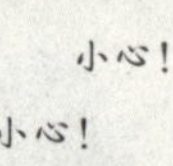

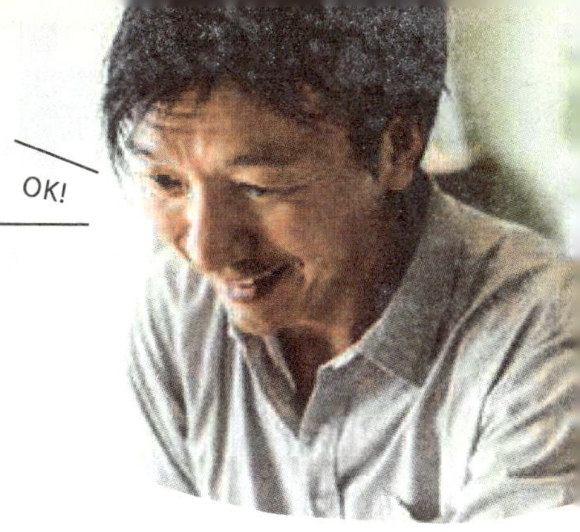

“不知道为什么，感觉好像是在画地图上的海岸线和国界线一样。”

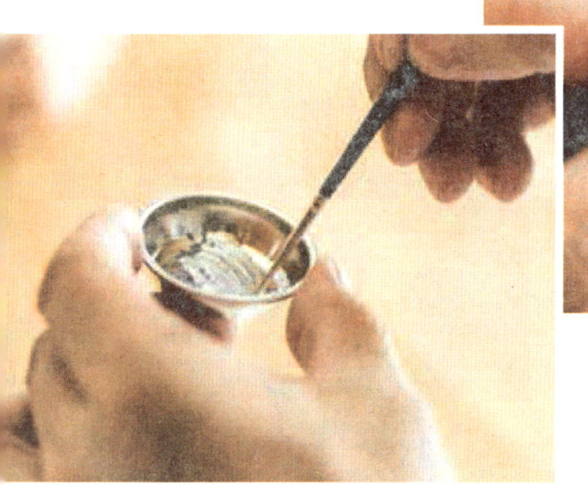

在新漆和金粉中加入稀释液混合，再用极细笔在腻子上描绘。顺便提一下，将金色和银色以1：1的比例混合的话，会呈现铂金一样的颜色，优雅而令人心平气和。

重点是，置笔其上顺势而画的感觉！

反复涂厚的话，颜色就会斑驳，一口气涂完才漂亮。心无旁骛地描绘吧。

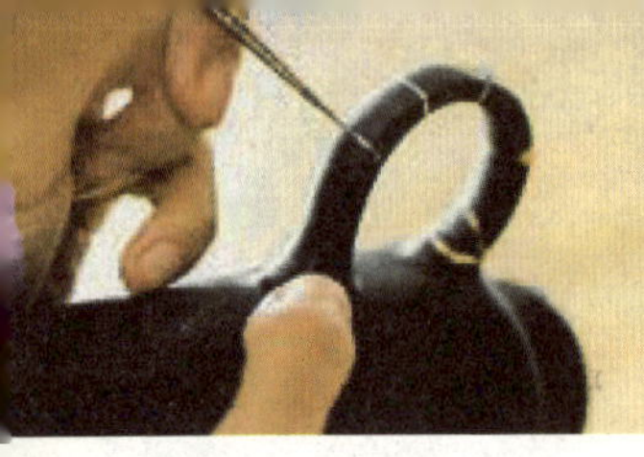

之后，放置 1~2 天使其干燥。

为了更有光泽，在金缮的部分涂上橄榄油等植物油，再用柔软的布擦拭让它闪闪发光，这样就完成了。

要注意不能放进微波炉和洗碗机哦。

如此，把手断了的水瓶居然复活了，而且还这么漂亮！

复活的器皿

哦耶！

修好了！

“本来是纯黑色的硬朗画风，加入金色和银色的金缮之后，多了几分高雅感。最喜欢的就是把手外侧的椭圆形，像是地图上的“孤岛”一样。最重要的是，这个水瓶又可以用了，这是最让我开心的！”

器皿与我们息息相关，不知不觉中承载了许多生活的回忆。

如果在你的碗架中，有打碎了但充满回忆、不舍得扔掉的器皿的话，就用“金缮”赋予其新的生命吧。

常见的疑问 Q&A

开始虽然很简单，但金缮的世界其实非常深奥。对于道具、使用方法、价格等，应该会有很多不懂的地方。这里总结了一些参加金缮学习小组时经常会遇到的问题。

××

Q 只有陶器才能金缮修复吗？

除了陶瓷器，漆器和玻璃制品也可以金缮修复。但由于玻璃制品是透明的，内侧可以看到修复的痕迹，所以想要修复得漂亮非常有难度。

Q 花盆这种素烧陶器，也可以金缮修复吗？

虽然不太推荐，但也是可以的。黏合面用淘米水之类的做一下防水处理的话，会更容易修补。

Q 金缮修复过的陶瓷器，还可以放进微波炉里加热吗？

基本上是不能放入微波炉和洗碗机的。还有砂锅之类的，也不建议直接明火加热。

Q 请教一下“本漆”和“新漆”的区别。

本漆是漆科植物的树液。干的速度比较慢，碰触到肌肤的话会沾在上面。干燥后其耐久性和安全性很高，但是价格也稍微高一些。新漆是从植物树液中提取出的合成涂料。干的速度很快，而且不会沾在肌肤上。价格便宜，使用也很方便。

注：河豚牌新漆相关信息，详见樱井渔具的官网
https://www.sakura-rod.co.jp/ふぐ印新うるし/

Q 参加金缮讲座的费用大概是多少？

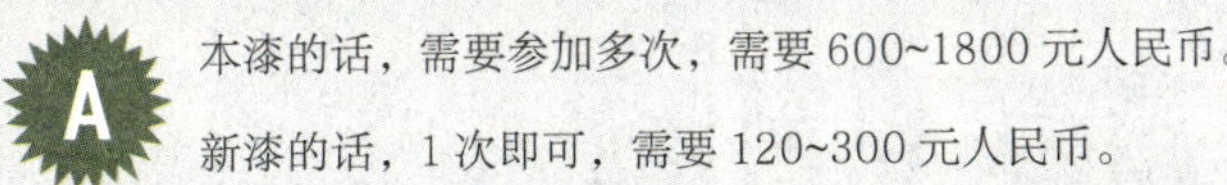

本漆的话，需要参加多次，需要 600~1800 元人民币。

新漆的话，1 次即可，需要 120~300 元人民币。

Q 可以推荐一下学习金缮的地方吗？

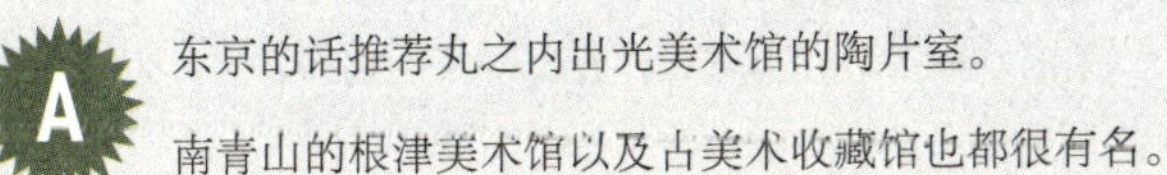

东京的话推荐丸之内出光美术馆的陶片室。

南青山的根津美术馆以及古美术收藏馆也都很有名。

Q 请问哪里可以买到练习用的破损陶瓷器呢？

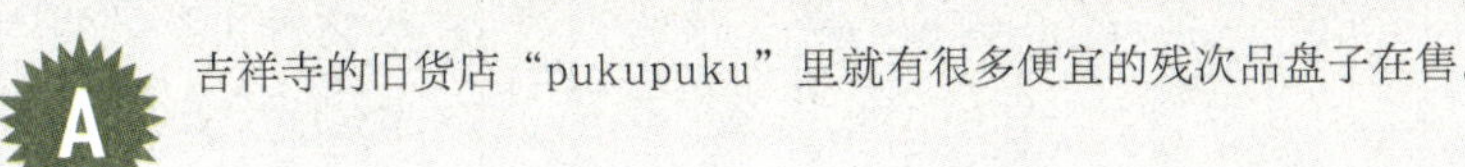

吉祥寺的旧货店“pukupuku”里就有很多便宜的残次品盘子在售。

Q 凑齐一套金缮的材料，大概要花多少钱？

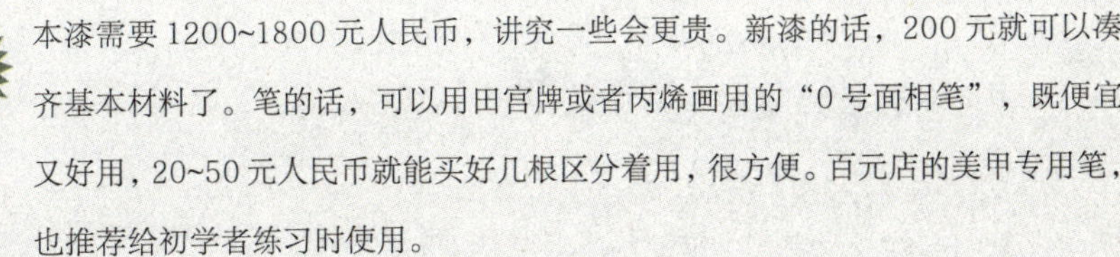

本漆需要 1200~1800 元人民币，讲究一些会更贵。新漆的话，200 元就可以凑齐基本材料了。笔的话，可以用田宫牌或者丙烯画用的“0 号面相笔”，既便宜又好用，20~50 元人民币就能买好几根区分着用，很方便。百元店的美甲专用笔，也推荐给初学者练习时使用。

世界修缮纪行

“金缮是只有日本才有的文化吗？”

“是的。”

给出这个答案的时候，我自己却产生了疑问。

真的是这样吗？

有谁真的去所有国家确认过了吗？

这样的话那我就亲自去确认吧！

自从有这个想法15年以来，

我一直在世界各地寻找“修缮”的影子，

并在这漫长的旅途中有所顿悟。

那就是，

“世界上，其实有着各种各样的修复文化和历史，

人们享受修理这个行为本身。”

这是文化人类学意义上的“围绕世界范围内的‘修缮’展开的大冒险”。

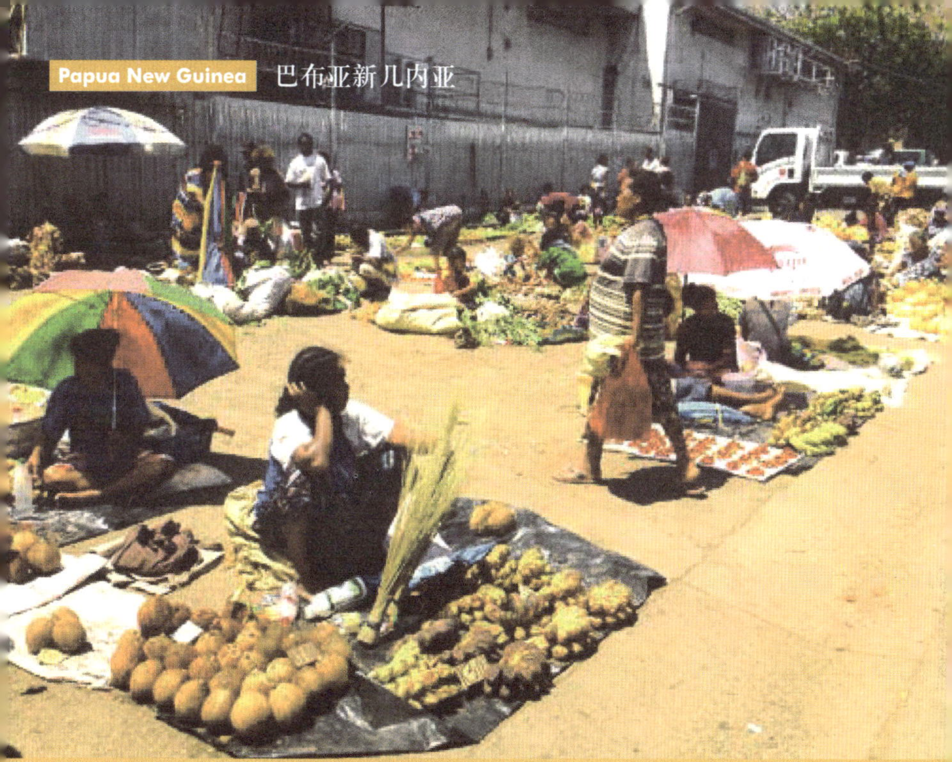

最先去的，是南太平洋的巴布亚新几内亚。它是在现代还保留着原始生活习惯的国家，有800余种语言，被誉为“世界上语言最丰富的国家”。四面险峰环绕，部族之间鲜少交流，形成了众多独立的小文化圈。

首先在首都莫尔兹比港寻找器皿，但是，市场上几乎没有卖餐具的……没办法，又去了稍微高级一点的超市，里面也只有少量中国制造的茶杯而已。看起来陶瓷器应该是非常贵重的东西。

接下来去的是位于塞皮克河流域的原始森林中的塞皮克族村落。乘坐飞机、汽车转船花了大约2天时间，终于到达了面前的村子。但在这时发生了意外，去往下一站的船今天不发船，不得已只好寄宿在村民家。村民们相信自己的祖先是鳄鱼，成年人都会在身体上纹鳞片一样的纹身。战战兢兢地在这里过了一夜……

第二天早上，发现他们居然在用“绳文陶器”做早饭，而且是出色的“火焰形陶器”，整体设计成熊熊燃烧的火焰的形状。

“为什么要做成这种样子呢？”我问道，回答是：“拿着方便，而且火的温度能更好地透进去。”一般来说这种造型有巫术上的象征意义，让人意外的是，可能只是这种造型更好用而已。

“破了的话，会修吗？”“土器坏了再做就好了。”也是啊，这片土地上没有黏合剂之类的材料……

即便如此，在当今社会，日常生活中还使用“人面土器”这一点，也令我非常吃惊。顺便一提，在塞皮克河周边的原住民村落中，现在流行的居然是“Facebook”。似乎在通信公司架设天线后得以迅速传播开来。连鞋都不穿的村民却拿着智能手机，简直是不可思议。纸质书都没有读过的人，突然开始读电子书籍，会是什么样的感觉呢？为我提供住宿的大叔说，“年轻人都想要智能手机，让人很为难。”村里还没通电，只能用发电机来充电。

“想看看修理过的东西……”我说道，于是被带到河边去看船。用剪下来的可爱的塑料袋修补陶器缺损的部分，也可以叫“塑料补”吧。此外，去了好几个地方，有的用金属非常认真地做了高强度的修补。原来如此……虽然没有修缮陶器的漆，但是用“这里才有的材料”来修补的这个想法，也许全世界都是共通的，并且像“金缮”一样成为了器具上的重点，这一点非常有趣。

在村中的小市场，随处可见废物利用的袋子。原本用来装米或饲料的结实的尼龙袋，被当作购物袋再次利用。确实比布更加结实、轻便，还防水。另外，还有很多种设计，如将印上去的汉字当作时尚示人，这一点也很有意思。我觉得，这或许有点像日本人喜欢美国学生的旧物，也与瑞士品牌 FREITAG（弗赖塔格）将卡车车篷再利用制作环保袋有异曲同工之妙。

后来，还从旧货商店收获了“藤缮”木碗，欠缺的部分将藤编进去加以修理。虽然不是“金缮”，但是修补得很漂亮，将裂痕夸张地演绎出来的这种创作，好像不是日本人独有的，这是颇为有趣的发现。所谓“有修过的痕迹”，蕴含了“制作”和“修理”这两种人类的根本行为，修缮出被珍视的、充满爱意的器物。

Europa 欧洲

接着去了欧洲。要说轻松寻找旧物，当数意大利的古城佛罗伦萨了。在有“美丽塔城”之称的古都圣吉米那诺的古董店，我发现了上图的玻璃杯。竟是吹制玻璃器皿。据店主所说，“应该是瑞士那边做的吧？”。缺损的部分是用金色装饰的，这不就是不折不扣的修理吗？！但无论怎么看，都是到了现代，当时的主人用金色涂料来修饰而已。杯子的价格是 100 欧元（约 800 元人民币），将之当作“金缮”的贵重资料买了下来。虽然这不能算是“金缮”，但也是将玻璃杯的缺口修饰漂亮，修理的感觉蕴含其中，值得品味。

中图是荷兰的代尔夫特陶瓷。古董市场买的产于大约 100 年前的铜版转印盘子，伤口处涂的是“蜡”一样的东西。我觉得，这样做恐怕是为了防止使用时浸水吧。这一件没有经过任何颜色处理，修理（应急处理）只是为了继续使用，也非常有趣。

下图是芬兰的古旧牛铃铛，用融化的金属填补了坏掉的部分，有种“金属修补”的感觉。在日本，曾有专业修理旧锅、釜等金属制品的“铸挂屋”，芬兰一定也一样，曾有过焊接修理器物的店铺吧。

Nicaragua 尼加拉瓜

我也去南美和中美寻觅过修缮的足迹。虽然不是器皿的修理，但是在尼加拉瓜的市场，发现了不可思议的露天鞋店。那场景前所未见，世界各地制造的运动鞋堆积如山，男子用缝纫机将它们像拼布一样缝合起来，制作出新的运动鞋。也就是"运动鞋拼接"。

有的只用鞋底，有的只用纽扣……将零散的各个部分，按照每个订单的要求，在顾客面前完成制作修补。我买了一双美国 New Balance 933 型号，内垫经过加工的运动鞋（鞋子约 1200 元人民币，内垫加工约 120 元人民币）。这种通过拼接进行的创作并非单纯的修补，它所蕴含的恣意想象，令人钦佩。

Russia 俄罗斯

顺便说一下，在俄罗斯的库页岛也看到了类似的东西。这是在市场看到的老大爷的椅子，自行改造颇多。我听说，库页岛从日本进口汽车时，为了逃避关税会将车切碎，进口之后再重新组装。我觉得，这与从前茶人特意将茶碗打碎再修缮的做法有相通之处，耐人寻味……

Cambodia 柬埔寨

这次去的是柬埔寨。实际上，有别于中国和日本所使用的漆，这里是“柬埔寨漆”的产地。柬埔寨是漆工艺品非常有名的国家。说不定会有新的发现……我满怀期待地开始寻访吴哥窟，进入遗迹之后，发现墙壁涂满红褐色的“酸化铁”。酸化铁不仅看起来美观，和漆混合之后还有防腐效果，用于建筑和器皿上。

走访街市后，果然发现了很多柬埔寨漆制作的漆器，而且使用了与日本相似的黑色和红色，再以金色突出重点，设计风格充满民族特色。这难道就是“柬埔寨金缮”吗？

Turkey 土耳其

在土耳其的卡帕多细亚的古董店发现了有趣的东西。将100年前已经绝迹的少数民族的刺绣服装进行再利用，制成了喂羊的“盐袋”。这种做法，和日本把漂亮衣服修改加工无数次的“名物裂”相似。在过去，日本通过与中国、葡萄牙、西班牙、荷兰、印度以及东南亚的一些国家开展贸易，得到颜色鲜艳的布料，会非常珍视，用来制成茶罐袋或装裱挂轴。

柬埔寨的漆器大约诞生于 12 世纪。原本受中国影响，漆器工艺在缅甸、泰国、老挝、越南、不丹等国家也曾经盛行，但无论哪个国家，都长期处于动荡不安的经济状态中，漆器工艺困囿于技术问题和原材料筹集而无法发展。

这样的话，只能去探访一下制作漆器的作坊，附近就有可以参观的作坊，所以问了些具体的问题。对方说，“用的漆（硝基清漆）都是从中国或者德国进口的。”原来是这样啊……

经历了长时间内战的柬埔寨，现在正处于漆工艺复兴的过程中。日本也是，国内使用的漆有 98% 是中国产的，只有 2% 是本国产的，似乎很多国家都是如此。非常遗憾的是，柬埔寨没有“金缮”这种技法。

India 印度

接着是神秘的国度印度。其实最近有印度的博物馆联系我，问能不能开一次关于“金缮”的学习讲座，难道印度也有相同的文化吗？怀着这种期待，寻访了德里和恒河之畔的瓦拉纳西。印度的人口约为日本的 10 倍，有 12 亿人。这样的国家，一定会存在非比寻常的“技艺”。

首先在街边摊位找到的，是用天然叶子压制成的一次性盘子，而且质量优良，只用类似茎的东西做一处固定就不会走形。用完之后扔掉即可，时间久了叶子干燥之后，就会自然分解。在日本生产这类物品应该也卖得出去，而且使用的叶子有杀菌效果，简直一石二鸟。

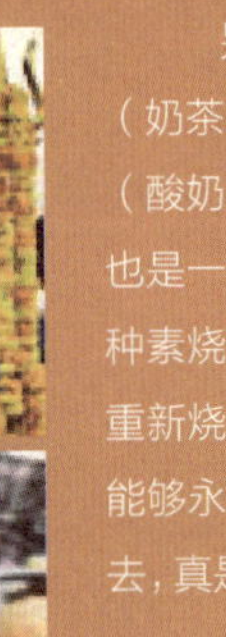

另外，印度茶（奶茶）和拉西乳酪（酸奶饮料）的包装也是一次性的，是一种素烧陶器，碎裂后重新烧制即可再生，能够永远循环利用下去，真是很棒的设计。

用完的器皿只要扔到地上就可以回归大地，并非坏了，而是重归泥土这种原始素材。这与恒河畔将死者火化后葬于河流的习俗异曲同工。虽无修缮文化，但这种不断“转生”的器皿令人印象深刻。

Korea 韩国

最后是韩国。这个国家作为日本陶瓷器的源头之一，应该还存在许多不为人知的事物。首先，来到首尔的古董店，问道："这里有做金缮的人吗？"结果得到了"在釜山见过"的情报。

我立刻赶往釜山的古董店，有了！发现了"金缮"！

询问之下得知，受日系风潮的影响，韩国对器皿的兴趣也日渐高涨，而这种兴趣也转向了本国的器皿。例如研究诞生于韩国的"井户茶碗"并出版相关书籍、尝试再现传到日本的茶碗，似乎发生了很多这样有趣的具有逆转意义的事情。此外，最近喜欢"金缮"的人也多了起来。

因此，世界上将"金缮"当作一种传统技艺传承下来的大概也只有日本了。我得出了这个结论，但是，同时也明白了，在世界各国，怀着惜物之心、修缮后继续使用的范例不胜枚举。

金缮，是通过器皿这"另一个我"来修复世界本身。也就是本能地令"以我命名的器皿"再生，是一种自然现象和治愈行为。

在这种意义上，我深切地感受到，"金缮"这种行为，对于很多人来说是某种"仪式"。

中村邦夫与长冈贤明对谈——“修缮”的思考方式

长期、每天使用的生活道具，不知何时就会损坏。

将其认真修复、继续使用才是理想状态。

D & DEPARTMENT PROJECT 最基本的服务，就是在购买商品之后可以一直享受“保修”。

围绕着这种修理，我和长冈贤明先生展开了对话。

中村：长冈先生一直致力于在D & DEPARTMENT展开活动，努力为有长久生命力的设计创造市场，还在商店里开设了金缮教室。您对“修缮”“修理”是怎样理解的呢？

长冈：我出生在贫困家庭，小时候没有人给我买过玩具或者玩偶之类的。所以，也就没有买新东西的想法，基本上什么都是修理后继续用。不论是房子还是家具，即使不是新品也可以用，这种想法深入骨髓。

中村：D & DEPARTMENT的代表作“Sampling Furniture”系列就好像是器皿的“拼接修复”一样，拿音乐做比喻的话就像是打碟 ·样呢。

长冈：把垃圾和垃圾拼在一起做成椅子，我觉得非常有趣。只有桌面能用，或者虽然桌腿很结实但有一部分没法用了所以就处理掉了，这种经历我相信任何人都有过。变成垃圾的东西，无论做成零部件有多棒，也不会有人再捡回来。但如果是有一定设计性的部件，即使成了垃圾也可以再做成家具吧？“Sampling Furniture”系列正是基于这个构想，即不制作“任何新的东西”。最有趣的就是，垃圾中隐藏着打动人心的零部件。

中村：这其中包含了怎样的含义呢？

长冈：是怀着对设计业界反诘一般的心情做出来的。设计师们是不是都被“椅子”的固有概念束缚了呢？这是用本田摩托“Monkey”的座椅和中华料理店的椅子腿做的（左图），

摩托车座椅上安装4条钢腿而做成的椅子，用的是本田名车“Monkey”的坐垫

椅子的钢管结实、质量很好，而摩托的座椅久坐也很舒服。于是我想到将两者的功能结合起来，应该会更好用吧。

中村：就是“做别人不做的”吗？

长冈：应该说“已经不该源源不断地做新的东西了”。世间充斥了这么多的东西，而设计师难道不是还在一件接一件地做着新的东西？而且，设计师越是执着，“样品”和“试做”产生的垃圾就会越多。越追求自我满足，就会有越多的垃圾出现在这个世界上。所以说，设计师是不是也应该考虑一下“不制作东西”呢。

中村：长冈先生平时用什么样的家具和器皿呢？

长冈：只会买可以长期使用的东西。绝对不会买不能修理的家具。建房子的时候才突然发现自己不是建造者（笑）。如果是建造者，自己的房子应该是汇聚高科技的建筑吧？但我的房子就只是普通的（笑）。

中村：对于建筑家的要求呢？

长冈：没要求呢。

中村：家中的摆设会严格挑选吗？

长冈：总之都是可以长时间使用的东西。只会选择不会被时代淘汰的东西。

中村：不会买品牌设计的东西吗？

长冈：真是犀利的问题呢（笑）。有买路易斯·波尔森[①]的顶灯之类的。买的时候一定会考虑能不能修理。今后也是，只买能修理的东西。

中村：短命的设计就不行？

长冈：不行（笑）。总之，不能修的东西是不会买的。弗里茨・汉森[2]或者 PP Møbler[3]、赫曼・米勒[4]、则武[5]这样的是可以的。

中村：可以售后修理很多次，或者能修好的话，设计师的作品也可以是吧？

长冈：也就是说，好的设计是有可循环的价值的。简单来讲，没有可循环价值的设计不能称之为好的设计？

中村：传统工艺、地域和文化圈也有同样的情况呢，而且其中心，果然存在着重要的人，在进行着重要的活动。

长冈：到乡下会发现大家都想要"咖啡厅"，小点儿也没关系，但那个人必须在场。没有这样的关键人物真是不行呢。顺便一提，听说花哨的人容易早死呢（笑）。

中村：总觉得明白了呢。花哨的话，会短寿呢（笑）。

长冈：是啊。所以为了不早死，就需要长寿的设计呢（笑）。

①：1874 年始创的丹麦的老牌照明生产商。

②：1872 年创立于丹麦。与阿雅・雅各布森等人有合作，生产过很多名作的公司。

③：1953 年创立于丹麦，制作汉斯・瓦格纳作品的公司。

④：因制作乔治・尼尔森、查尔斯・埃姆斯的名作和人体工学椅子而闻名的美国家具制造商。

⑤：本店和工厂在爱知县名古屋市，是世界最大的高级陶瓷器制造商。

大地的魔术师

1

信乐

以滋贺县甲贺市信乐乡为制作中心的一种器皿。狸猫摆件和大水缸也很有名。烧制表面呈赤红色，如烧焦一般的效果极具魅力。

1

4

侘寂的珍宝盒子

高丽茶碗

16 世纪以来产于朝鲜半岛的陶瓷茶碗的总称。被视作有无为、“侘寂”之感的日用杂物，为日本战国武将和茶人们所珍藏。尤以碗底侧面的“梅花皮”釉变最为珍贵。

2

5

有花纹的时光胶囊

3

古代瓦

于5—6 世纪产于高句丽、百济、新罗周边地区。将传自波斯的海浪花纹以扇形反复描绘而成的“青海波纹样”十分优美，是稀有纹样爱好者的最佳选择。

3

6

日本的前卫派

织部

诞生于桃山时代的大名兼茶人的古田织部的指导之下。造型新颖奇特，用深绿色铁釉画出长势喜人的植物花纹，耐人品味。

陶片谜题

置于掌中的“小小时光胶囊”陶片，粗糙、光滑、闪亮、坚硬、凹凸不平……只是用手触碰，就可以感受到出窑那一刻陶工的喜悦，是“有魔法的碎片”。

为了训练对“真正的陶瓷器”的辨别力，釉色、纹理、形状、质感等，均是不可或缺的秘密武器。

绚烂的色彩

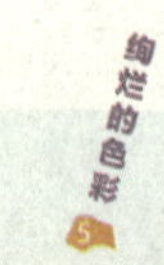

九谷

为石川县金泽市周边生产的彩绘瓷器的总称。主题一般以中国风的山水画、花鸟图以及人物居多，多使用色彩浓重的红、蓝、绿、黄等颜色，华丽颜色的运用令人震撼。

无印良品的极简主义

弥生土器

造型质朴的红色素烧陶器。既轻便又结实，兼具美观与实用性。也以红丹或彩漆着色。

青瓷

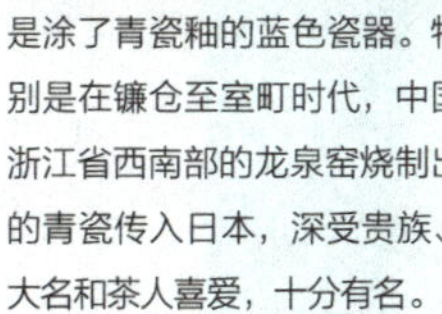

是涂了青瓷釉的蓝色瓷器。特别是在镰仓至室町时代，中国浙江省西南部的龙泉窑烧制出的青瓷传入日本，深受贵族、大名和茶人喜爱，十分有名。

12
蒙尘的灰姑娘

须惠器

特征是灰中带蓝，烧制得坚硬结实。生产于古坟至平安时代，多为祭祀和陪葬品，纤细的造型美和神圣感是其魅力所在。

13

砥部

产于爱媛县砥部地区，质地很有分量且不容易损坏，夫妻吵架的时候将其扔出去也摔不坏，所以也被称为“吵架神器”。底座宽大，边缘陡峭，胖墩墩的造型十分惹人喜爱。

修饰美的源头
14

三岛

高丽茶碗（粉青沙器）的一种，在灰色素坯上压上花纹烧制而成。“三岛手”的碎片，以其美丽花纹的错位和差异为人津津乐道。

唐津

产于佐贺县东部至长崎县北部地区，粗糙的土质有一种厚重而朴实的感觉。唐津烧“八分做，两分用”，从碎片中也可以感觉到其中蕴藏的寂静景色，足以终生赏玩。

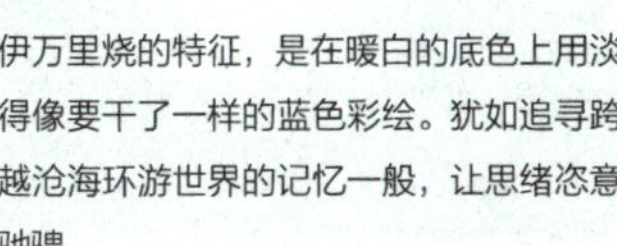

伊万里

伊万里烧的特征，是在暖白的底色上用淡得像要干了一样的蓝色彩绘。犹如追寻跨越沧海环游世界的记忆一般，让思绪恣意驰骋。

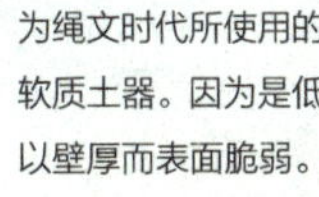

绳文土器

为绳文时代所使用的带有绳结图案的软质土器。因为是低温露天烧制，所以壁厚而表面脆弱。虽然十分稀少，但也出土过用漆修复过的土器。

濑户黑

于桃山时代产自美浓，漆黑的釉药非常美。以削薄豪迈的筒状茶碗居多，底座较低是其特点。相传是根据利休的喜好制作而成，凹凸不平的黑色肌理令人赞叹。

Chapter

4

BASIC KNOWLEDGE

器皿用语的基础知识

A to Z

我从“器皿”之中，学到了人生至关重要的东西。

器皿，是满载历史和地域文化的“美的宝箱”。

通过学习如星辰般散落于世间的器皿知识，

来扩展感性的宇宙认知吧！

A

生命的色彩

赤绘

在乳白的底色上，用红色的颜料施绘陶瓷器。也称为彩绘。在 17 世纪，赤绘由有田的酒井田柿右卫门引入，后盛行于加贺的九谷。令人意外的是，琉球的赤绘并不为世人所知。其色彩之鲜艳，像是把冲绳的风景关在了里面一样。柳宗悦曾有言，“惊讶于世间竟有如此美丽而柔和的赤绘。如果说古老的伊万里和九谷以赤绘瓷器名闻天下的话，那么琉球可以靠它的陶瓷赤绘名垂青史。”（《琉球的陶器》）。

小巨人

油皿

装灯笼的灯油用的小盘子。长时间使用之后经常会浸入色斑，体形虽小，却具有“掌中惑星”一般动人心魄的力量。

美的化身

油壶

圆滚滚的、装发油用的小壶。躯干短而圆润，非常可爱。虽然随着日本生活的西化而减产，但瓶口小巧、设计可爱，也可以用作花瓶，所以仍很有人气。可以感受到投影在造型和装饰上追求美的纯粹之心。

日本最古老的瓷器

有田烧

产于佐贺县有田町附近的瓷器。因为是从伊万里港出口的，所以也被称为伊万里烧。

17 世纪，丰臣秀吉出兵朝鲜的时候，带回了朝鲜陶瓷工匠李参平，李参平发现了瓷器的原材料陶土，有田烧因而诞生。初期的有田烧有青花瓷、彩绘、柿右卫门、金澜手、锅岛等。雪白的瓷器加上明亮鲜艳的彩绘，大量出口到东南亚和欧洲，王公贵族竞相追捧。

亚洲的纯真

安南烧

越南产陶瓷器的总称。笔触奔放豪迈的花纹，以及色泽浓郁的青花为其特征。传到日本后，在茶人之间备受推崇。现在也被称为钵场烧。

土和火的剧场

备前烧

备前烧的产地是日本六大古窑之一，乃产于冈山县备前市周边的陶瓷器。不使用釉药，烧制得紧密而坚硬。瓷器在烧制过程中，发生于窑内的、由于火焰特性而导致的纹样变化（窑变），是其魅力所在。正如“一土，二烧，三造”所言，是可以享受土本身质感的一种陶瓷器。北大路鲁山人曾经说过，“备前的土，世界第一。”

B

B

祈祷的造型之美

瓶子

底座又宽又高的一种瓶子。在冲绳，用来装泡盛烧酒供奉在神像或佛像前。和日式酒壶相比，头部细长、瓶口狭窄为其特征。也经常用于祭祀和婚礼，是象征神圣的器具。也被称为“平子”。

C

瓷器的代名词

China

在英语中是“瓷器”的意思。也被称为“China ware”，只有“China”表示发祥于中国的陶瓷器。西洋瓷器的代表是“骨瓷”，是一种由黏土制成、原材料中含有 30% ~60% 牛骨骨灰的瓷器，发明于 18 世纪的英国，模仿中国和日本的白瓷而成。

D

朴素派的陶器

Delft

诞生于 16 世纪，是产自荷兰代尔夫特及其周边地区的软陶的总称。受西班牙花饰彩陶 * 的影响很深，涂上白釉之后低温烧制，再用钴等颜料绘制。既有不加修饰的简约之作，也有许多描绘欧洲风俗和景色的作品。给人以温暖感觉的乳白色器物极具人气，日本人还制作过“仿品”。

* 花饰彩陶：文艺复兴时期诞生于意大利的锡釉陶器。在白色的陶胎上进行颜色鲜明的彩绘。

东西交流的印证

铜板转印

这是一种将花纹转印到器皿上的彩绘技法。中国风的图案在欧洲非常有人气，荷兰的产品也会出口到日本的。江户时代末期有一股煎茶的风潮，从荷兰进口煎茶茶碗，用以品茶的做法盛极一时。

E

令人憧憬的土味

绘唐津

在唐津烧上，绘以纹样图案。以花草居多，桃山时代至江户初期的制品尤其珍贵。温暖的土味、朴素大胆的花纹、肌理的触感、所营造出的感受力，足以使人领略其绘画艺术般的魅力。

F

光的造型

吹制玻璃

将熔炉中的红色液状玻璃一点点吹起来，从而制作成吹制玻璃。左图的玻璃杯，出自仓敷玻璃创始人小谷真三之手。诚如“仓敷民艺馆”的外村吉之介所言，它是将“健康、不浪费、认真、不自满”的民艺精神具象化的杰作。就连其落在桌面上的反光，都让人觉得十分优美。

瞬间的美学

玻璃

“硝子”这个词汇，是明治时代之后，根据荷兰语和英语的“Glass”音译而来，江户时代用的是葡萄牙语“Bidoro”的发音。

东京的工艺品代表江户切子，就是在玻璃表面细致地打磨出菊花和麻等植物的花纹。相传，江户时代南蛮人带来海外制的切割玻璃，江户切子最初始于对它的细加工。即使有小的缺损，也可以金缮修复。

纯白的美肌

白瓷

白瓷可能诞生于北齐时代（560—570 年间）的中国。在江户初期，从朝鲜来的陶瓷工匠在有田发现了原料之后，开始在濑户、美浓、京都、砥部、有田等地烧制。作品一直以青花或彩绘居多，不过最近简单的白瓷制品反而更有人气。

枇杷色的诱惑

萩烧

是产于山口县萩市的陶器的总称。特征是枇杷色的釉药以及土的粗糙质感。自古就有“一乐，二萩，三唐津”的说法，作为茶人的爱物广为人知。也被称为“萩之七变”，因其颜色会随着使用而变化，这种“养器”的过程使它独具魅力。萩烧的源头可以追溯到，从朝鲜来的陶工开设了毛利藩的御用窑，开始制作高丽风的茶陶之时。

I

颇具存在感的杂器

石皿

石皿又称为“煮皿”，盛产于江户时代的濑户。这种盘子大而厚重，非常沉，很有存在感，因此在人们心中有着根深蒂固的地位。1931年柳宗悦发行杂志《工艺》，创刊号特辑中就介绍了石皿，据说评价极佳。

反复的艺术

印花

到了明治时代，为了提高生产效率，新的彩绘技术——印花登场了。通过纸板印花和铜版转印来生成纹样。印花有很多珍贵的图案和喜庆的花纹，颇有有收集乐趣。花纹多演变自动植物图案，寓意吉祥。

J

日本引以为傲的工艺

Japan

“Japan”指的是漆器。就如瓷器等于“China”一样，其作为日本的代名词也非常有人气。在江户时代，漆器等工艺品在欧洲贵族圈里广受好评，成为日本出口商品的主力。那个时期，莳绘和涂漆的工艺品被统称为“Japan lacquer”，简称“Japan”。现在似乎多称为“漆器”。

丰富的造型

绳纹土器

绳纹土器是一种烧制器皿，表面常见绳子留下的图案。因大森贝冢中发掘出的土器上多有绳结纹样，美国动物学家爱德华·莫斯将之命名为“Cord marked pottery”，之后就被称为“绳纹”或者“绳文”。

J

强有力的表演

刮除

是一种用刮刀刮落陶土，形成锯齿状表面，从而制造花纹的技法。左图虽然是冲绳的壶店烧制的老旧花瓶，但似乎还能感受到陶瓷工匠赋予瓶身的磅礴气势。这种技法常见于高丽青瓷中，英国的陶艺家露西·李也会使用，从而创造出很多独特而充满力量的作品。

K

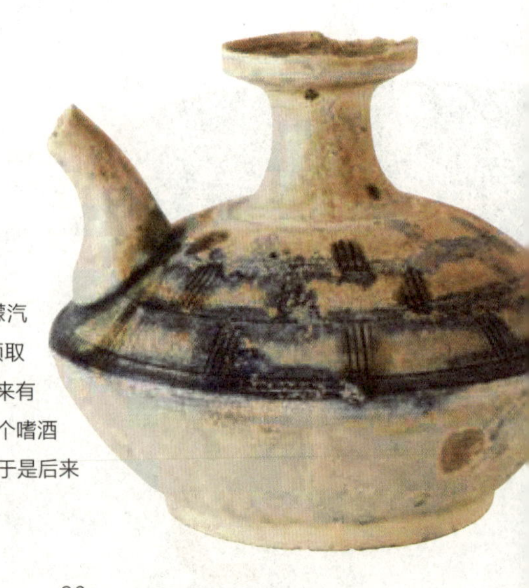

热带的王者

卡啦卡啦

冲绳用来装泡烧酒的酒器。像柠檬汽水的小玻璃球一样，酒壶里放进了一颗取不出来的陶制小球，不装酒的时候摇起来有卡啦卡啦的声音。相传在很久以前，一个嗜酒的少爷醉后打翻了酒壶把酒洒了一地，于是后来发明了“打不翻的酒壶”。

梦幻的黑缘唐津

皮鲸

是唐津茶碗、酒碗的一种。碗的边缘有一圈黑色，看起来就好像是鲸鱼的皮和脂肪的分界一样，于是有了这个名字。皮鲸杯子是评论家小林秀雄的爱用品，还出现在漫画《王牌鉴定人》（细野不二彦）中，在第 12 卷第 7 话中作为酒鬼的目标登场。顺便说一下，右上图是陶艺家小野哲平先生的皮鲸作品。

回归大地的食器

土器

为素烧食器。平安至江户时代，举办宴会的时候都会使用。据说土器本是一次性餐具，表面抛光，使水不容易渗透。为了祈福去灾，也会把素烧酒杯或盘子从高处扔下来，也因这种游戏而为人所知。

李朝的明星

鸡龙山

先用毛刷施以白色化妆土，再用铁釉*随性地画上抽象的线条，是李朝时代烧制的粉青沙器的一种。因是小林秀雄和白洲正子所喜爱的陶瓷器而闻名。“鸡龙山”，是位于韩国中央、最负盛名的陶瓷器烧制地的名字。山脊形似鸡冠，仿佛可见翔龙腾空，因而得名“鸡龙山”。

* 铁釉：含铁的釉。

粗糙的人气品

剑尖杯

为明治至大正时期生产的压制玻璃。因切割的形状好像剑尖，于是被称为“剑尖杯”。其特征是厚厚的玻璃中带有小气泡和黄色杂质。由于有一种粗糙的味道，所以在古董市场也很受欢迎。

金黄色的耀眼器皿

黄濑户

产自桃山时代的美浓（岐阜县），但似乎被认为是濑户窑出产的，于是有了这个名字。其特征是清新的淡黄色和绿色花纹。

源自天空的器皿

高丽青瓷

高丽时代的朝鲜出产的青瓷器。11 世纪左右在宋朝青瓷的影响下诞生，13 世纪技艺到达顶峰。也可以说它描摹了朝鲜美丽的晴空，清新低调的配色极具人气。

乳白色的魔法

粉引

粉引是指在褐色胎土上施以柔和温暖的白色化妆土的技法。因为“像是吹上去一层粉一样的白”而得名，李朝时传入日本。很容易被水浸透，所以也被称为“雨漏”，茶人和风流雅士反而看重这一点，也很有趣。

烧酎用的土瓶

黑千代香

“千代香”在鹿儿岛方言中指“平的、带注水口的陶瓷土瓶”。可以直火加热的、耐久性高的黑色制品就称作“黑千代香”。有人说其注水口像野猪的牙，所以也叫作“猪牙（与千代香同音）”。

L

器皿中隐藏的风景

Landscape

Landscape（景色）是指在观赏陶瓷制品的时候，陶土的变化、釉流动和融化的状态、烧制情况、色差以及裂痕等皆可作为“风景”来欣赏。把造型的不完整性和偶然性算进鉴赏范围，也是日本的一种审美意识。说金缮的有趣之处正在这“景色”之中也不为过。

机能美的模式

三岛

高丽茶碗的代表——象嵌手的一种。花纹形似绳结，因与静冈县三岛神社发行的日历的花纹很像而得名。用印花等方式做出纹样、涂上白色化妆土后烧制而成。

M

实用的美学

民艺

民艺运动，是 1926 年由柳宗悦、河井宽次郎以及滨田庄司等人倡导的艺术运动。“民艺”是“民众的工艺”的简称，是思想家柳宗悦创造的词汇，旨在从日常用品中发现“实用美”“将美生活化”。实际上这只小小的壶是南印度的陶器，广义上也可以称为“民艺”。或者说，只要是“手工活”都可以被称为“民艺”。

N

艺术的集大成者

活国宝

活国宝，是被认定为“重要非物质文化遗产继承者”的人才的总称，如有益子烧的滨田庄司、志野烧的荒川丰藏、备前烧的金重陶阳、三彩的加藤卓男等。右下图的碗，是冲绳县的第一个活国宝金城次郎的作品。

红与黑的风景

根来漆器

以黑漆打底，在上面涂上朱漆的漆器。相传，是由镰仓时代从高野山来到根来寺的僧侣制作出来并在寺内使用的漆器。

歪曲的美学

织部烧

桃山时代在岐阜县的美浓地区，由古田织部创造的陶瓷制品。造型奇特而新颖，绘有黑白方格或几何图形，整体覆盖着浓郁而神秘的绿色。以织部为主人公的历史漫画《战国鬼才传》（山田芳裕）中有详细的介绍。

O

有节奏感的装饰

小鹿田烧

因“飞炮”“刷痕”“栉绘”等技法而为人所熟知的陶瓷制品。产于大分县日田市。柳宗悦和伯纳德·利奇对其都有很高的评价，因而闻名日本。1995 年被日本列入国家重要无形文化遗产。

P

薄而纤细的艺术

Porcelain

Porcelain（瓷器）指的是高温烧制的、无吸水性的器物。陶器被称为“土物”是因为它的材料是取自自然界的黏土。瓷器被称为“石物”，因为其主要原料是陶石（石粉）。中国从宋代开设官窑以来开始量产，之后，以景德镇为制造中心，产销亚洲。

Q

享誉全球的高品质

Quality

经常听到“Japan Quality”的说法，日本的陶瓷制品有着享誉全球的高品质。入目所见，即使是裂痕，也是精确计算后的造型。最近，“金缮”这个词汇也开始传向世界，作为高品质日本文化的一种，其哲学理念也在向世界扩展。

R

茶道的象征

乐烧

乐烧因茶道而生，是日本独有的陶瓷器。桃山时代，在千利休的指导下，由初代长次郎始创。

乐烧指不使用辘轳台，只靠手和刮刀塑形，用“手捏”的制作方法，低温烧制的软质陶器。根据釉药的种类，分为“赤乐”“黑乐”和“白乐”等。

饱含温度的美

漆器

漆器，是在木胎或纸胎等表面反复涂漆做成的工艺品的总称。纪州漆器、会津漆器、越前漆器和山中漆器等都为人所熟知。漆器不只在日本，在东南亚各地也随处可见。

乳白色的大地

志野烧

为美浓烧的一种。特征是涂满白色的长石釉后烧制，有种糖化了一样的黏稠感。有很多茶碗、水壶、大碗、盘子之类的作品，不规则的形状也是它的魅力之一。江户时期曾一度绝迹，在陶艺家荒川丰藏的努力下再次复兴。

色彩奔涌的偶然

施釉

指用泥状的化妆土“泥釉”在陶器上描绘花纹，是一种以欧洲为中心，在世界各地自古可见的技法。陶艺家伯纳德·利奇、富本宪吉、滨田庄司等人在日本广泛传播了施釉的过人之处，岛根县松江市的汤町窑现在还在生产施釉制品。

朴素的美学

素烧

将黏土塑形、干燥，不上釉药直接烧制，这就是素烧。其保水性和透气性都很好，可以当作花盆。印度有这样的传统，用素烧来装盛印度茶，饮茶之后将剩余的直接倒掉还给大地……

S

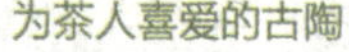

为茶人喜爱的古陶

宋胡録

14 世纪之后在泰国出产的陶器。因窑厂所在地为“宋加洛”而得名，日语叫作“宋胡録”。在桃山时代末传入日本，因茶人喜欢山竹形的香盒而为人所知。

唐物的王者

天目

镰仓时代，僧侣从中国带回了天目山烧制的茶碗，被称为“天目”。

最珍贵的“曜变天目”碗中仿佛映照出宇宙一般美丽，现在仅存 4 只分别存放在龙光院、静嘉堂文库、藤田美术馆、美浦博物馆，前三者都是国宝，在美浦博物馆的被认定为重要文化遗产。

T

祭祀的用具

高杯

盘底带有高脚，用以盛放食物。李朝的白瓷高杯非常受欢迎。本来是祭祀用器皿，但日常生活中也可以用来盛放水果，很是美观。

乳白的青花陶器

太白手

江户时代，美浓地区模仿有田瓷器制作出的青花陶器。带有暖灰色调的乳白色底色和朴素的绘画，使太白手极具人气。所谓太白，就是精制的纯白砂糖的意思。

琉球引以为傲的陶器

壶屋烧

是产于冲绳县那霸市的陶器的总称。琉球王朝时代开始在登窑生产，多为酒器、抱瓶、狮子、骨壶。17 世纪，琉球王府将美里的知花窑、首里的宝口窑、那霸的涌田窑合并，壶屋市就这样诞生了。

朴素的造型美

马眼盘

画有马眼一样的旋涡状花纹，是产于濑户的铁绘大盘。马眼盘为江户时代量产的杂器，但现在已经停产了。在古董迷中是很有人气的精品。

U

V

生活的必需品

花瓶

花瓶在佛教仪式中扮演着重要的角色，从古时就和香炉、烛台一样是生活必需品。有陶瓷、金属、玻璃等材质。在茶道中“花插”也是必不可少的。

W

反面的美学

割高台

茶碗的底座内侧，刻有十字形的沟壑。应该是出于茶道鉴赏底座的习惯，于是有了这种造型变化。高丽茶碗的割高台非常有名。还有一种说法，这个沟壑是由于曾是祭祀器皿而留下来的。

美的竞赛

合作

在委托我金缮的物品中，合作系的作品逐渐增多。这个就是芬兰品牌伊塔拉（iittala）和皆川明（minä perhonen）的合作款马克杯。芬兰Arabia公司和姆明的合作款也是稀有品，受到很多人的喜爱，来委托修理的人也很多。

简单的造型美

弥生土器

为弥生时代制造的素烧土器。因在东京都文京区弥生町被发现而得名。具有花纹少、器身薄、比绳文土器更坚固的特征。

妄想的艺术品

残片

某种东西的碎片会被称为“残片”。古代土器的残片、佛像的莲花或光背、绘卷的一部分等都是十分受欢迎的古董。正是因为不完整，所以“妄想的留白”才更有魅力。

后记：寻找新的光明

在随笔《阴翳礼赞》中，谷崎润一郎曾经写过这样意味深长的文字：

“漆器纹理的颜色，由几重的‘黑暗’堆积而来，于环伺的漆黑之中，必然孕育而生。”

而莳绘奢侈地使用金子的理由，也是“于贫乏的光线中追求效果”。

也就是说，或许金缮本质上也是在环伺的黑暗之中，寻找必然会诞生的“新的光明”的一种行为。

最近我制作了一部名为《新的金缮》的影片，在国境线上，将全球纠纷地区的传统器皿用呼缮的方式拼接在一起，连同感言一起上传至YouTube。我想，这是否也是一种“新的光明”呢？（请检索“KINTSUGI PIECES IN HARMONY”）

在观看过这部影片之后，世界各地的朋友纷纷前来咨询。说不定，这也可以创造新的美，并传达自己的感想呢。我这样想。这本《金缮手帐》，也可以用作金缮学习小组的教科书。因为是小手册，所以可以记录许多东西，可以随身携带随意翻看，即使是纸制品，也可以宛若“养器”一般，如果用到破破烂烂的，我会非常开心。

在此对以下人士表示由衷的感谢：

负责出版企划和编集，一直支持我的玄光社的本吉康成先生、编辑土屋绫子小姐；

做出漂亮装帧设计的 NILSON 的望月昭秀先生、木村由香利小姐；

拍出了绝佳照片的后藤武浩先生、谷川淳先生；

在收集器皿的时候给予我极大帮助的道前宏子小姐；

金缮影片《KINTSUGI PIECES IN HARMONY》的编导、制作者，以及 I&S BBDO 的田冈理沙小姐；

提供了出色的器皿的关根昌之先生；

为我拍摄简介照片的摄像师骆驼先生；

一直协助举办金缮学习小组的 POWPOW 店的中东优子小姐；

郁文堂书店的原田伸子小姐；

熊本的星乃功实小姐；

OOO Projects 的后藤哲也先生；

艺术社区那须、SHOZO 咖啡厅、BUKATSUDO 工作室、

东京 CLASKA 画廊及商店。

中村邦夫

金缮是使用金和漆来修缮损坏的陶瓷器，是日本的一种传统技艺。然而不知道有金缮这种技艺存在的人却越来越多。

而“6 次元”，将相邻国度的器皿像国界线一样拼接成一枚特别的盘子。如果您通过这部影片，可以感受到金缮的魅力，可以感受到金缮所蕴藏的调和的哲理的话，就是我最大的荣幸。